Herbert Januschkowetz

Bitte einsteigen!

Eisenbahn-Fensterbilder aus Tonkarton

frechverlag

Weitere fröhliche Tonkarton-Bücher finden Sie in großer Anzahl im frechverlag. Hier eine Auswahl:

TOPP 1681

TOPP 1649

TOPP 1802

TOPP 1771

TOPP 1780

Fotos: frechverlag GmbH + Co. Druck KG, 70499 Stuttgart;
Fotostudio Ullrich & Co., Renningen

Auflage: 5. 4. 3. 2. 1. | Letzte Zahlen
Jahr: 1998 97 96 95 94 | maßgebend

ISBN 3-7724-1818-X · Best.-Nr. 1818
Druck: frechverlag GmbH + Co. Druck KG, 70499 Stuttgart

Eisenbahn fahren – trotz aller moderner Technik schwingen hier immer noch Kindheitserinnerungen mit! Bevor das Auto in unserer Gesellschaft solch eine dominante Rolle bekommen hat, war die Eisenbahn früher oft das einzige Transportmittel, das längere Reisen erlaubte.

In diesem Buch finden Sie ganz unterschiedliche Motive: Sehr einfache Szenen, die kinderleicht auch von den Kleinsten nachgearbeitet werden können, aber auch filigrane und anspruchsvolle Modelle, die etwas mehr Geduld und Fingerspitzengefühl erfordern.

Und dabei gibt's von allem etwas: Von der alten Dampflok bis hin zu IC und ICE, Bahnhofsszenen, Bahnhofskiosk und Gepäckträger, Bahnhofsvorsteher und Signale, ... einfach alles, was das Herz von Kindern und Eisenbahn-Fans höher schlagen läßt!

Und vielleicht kommt Ihnen und Ihren Kleinen beim Basteln mal so richtig wieder die Lust, mit der Eisenbahn einen Ausflug zu starten – ganz romantisch mit Kohle und Dampf oder so richtig hochtechnisch mit Höchstgeschwindigkeiten! Es gilt auf jeden Fall:

Bitte einsteigen!

Ihr

Herbert Januschkowetz

Das Material

Für alle Modelle dieses Buches benötigen Sie verschiedenfarbigen Fotokarton, damit Ihre Eisenbahn-Fensterbilder genügend stabil werden.
Manche Motive werden noch zusätzlich mit farbigem Transparentpapier hinterklebt.
Alle Materialien erhalten Sie im guten Fachgeschäft (Bastel- und Schreibwaren).

Der Klebstoff

Alleskleber verschiedener Hersteller sind verwendbar. Der Klebstoff sollte nur nicht zu schnell trocknen, so daß Sie die Kartonteilchen noch etwas korrigieren können. Sehr günstig ist es auch, wenn man kleine Klebepunkte setzen kann, wenn also eine Spitze zum Auftragen des Klebstoffes vorhanden ist.

Das Schneidewerkzeug

Den größten Teil der Motive kann man mit der Schere schneiden; für die Innenausschnitte benötigen Sie allerdings einen Cutter.

Das Übertragen der Vorlagen

Alle Eisenbahnmotive sind in Originalgröße auf den beiliegenden Vorlagenbogen abgebildet.
Legen Sie über die ausgewählte Vorlage ein Stück Transparentpapier, und ziehen Sie die Linien mit einem Bleistift nach. Von Vorteil ist es auch, wenn Sie mit einer Fotokopie der Vorlage arbeiten.
Schneiden Sie Ihre Bleistiftzeichnung bzw. die Kopie der Vorlage knappkantig entlang der Außenkontur aus. Mit einigen Klebestreifen befestigen Sie sie auf dem bunten Fotokarton. Ziehen Sie nun die Linien des betreffenden Motivteils nach, am besten mit einem Kugelschreiber, damit Sie bei einer Kopie bessere Kontrollmöglichkeiten haben: Sie sehen dann sofort, wenn Sie eine Linie vergessen haben. Auf dem bunten Fotokarton werden bei diesem Arbeitsschritt „eingedrückte" Linien sichtbar – die Kontur des betreffenden Motivteils ist übertragen!

Hinterkleben des Motives

Das farbige Transparentpapier zum Hinterkleben des Motives wird zuletzt ausgeschnitten. Legen Sie dazu Ihr fertiges Motiv mit dem Gesicht nach unten vor sich. Legen Sie das farbige Transparentpapier darüber, und zeichnen Sie die Umrisse mit

einem weichen Bleistift nach. Es empfiehlt sich, die Umrisse etwas größer zu zeichnen – als Zugabe für den Kleberand.
Bei dunklem Tonkarton und dunklem Transparentpapier legen Sie einen weißen Bogen unter; so können Sie die Farbflächen besser erkennen.

Das Aufhängen

Am besten nehmen Sie einen dünnen Nähfaden, den Sie mit zwei dicken Klebepunkten auf der Rückseite befestigen. Positionieren Sie die Klebepunkte so, daß Ihr Motiv schön gerade hängt, und lassen Sie sie zuerst gut trocknen, bevor Sie Ihr Meisterwerk aufhängen.

Und das sollten Sie auf jeden Fall beachten:

✗ Verwenden Sie Ihren Klebstoff insgesamt recht sparsam, damit er nicht unter dem Fotokarton hervorquillt und häßliche Schmierflecken hinterläßt.

✗ Falls es Ihnen schwerfällt, runde Formen vom Vorlagenbogen zu übernehmen, gibt es einen kleinen Trick: Suchen Sie sich ein Münzstück der entsprechenden Größe, und umfahren Sie es einfach! Bei zahlreichen Motiven sind auch Locherpunkte aus dem Bürolocher genutzt – sie eignen sich hervorragend als Dekoration auf Schmetterlingen, als Wangen oder, in halbierter Form, als Augen!

✗ Es empfiehlt sich oftmals, schmale Kartonstreifen etwas länger zuzuschneiden und erst nach dem Trocknen des Klebstoffes, wenn das Teil nicht mehr verrutschen kann, genau nachzuschneiden!

✗ Wenn Sie die Räder an den Lokomotiven oder den Waggons ankleben wollen, ist ein Lineal ein gutes Hilfsmittel: Ordnen Sie die Räder entlang der Linealkante an, dann wird's auf jeden Fall gerade!

✗ Nach dem Kleben sollten Sie größere Motive z.B. mit einem Buch beschweren, damit sich Ihr Werk nicht wellt.

✗ Und noch ein Tip zum Schluß: Hängen Sie Ihr Eisenbahn-Fensterbild nicht unbedingt an ein Fenster, das stundenlang der prallen Sonne ausgesetzt ist. Fotokarton und Transparentpapier sind meist nicht lichtecht und bleichen mit der Zeit etwas aus!

Rangierlok

Diese Rangierlok ist kinderleicht zu basteln: Auf die rote Grundfläche kleben Sie die zwei blauen Fenster, den gelben Streifen und die drei Räder. Von hinten werden die restlichen drei Teile ergänzt.

Das Krokodil

Auf die grüne Grundfläche des „Krokodils“ kleben Sie das blaue Fenster und die Türen. Wenn Sie die roten Räder anbringen, kann ein Lineal eine gute Hilfe sein – an der Kante angelegt, wird die Räderreihe gerade!
Und zum Schluß noch die restlichen Teile von hinten ergänzen.

Kleine dicke Dampflok

Die kleine dicke Dampflok bekommt von vorne ihr blaues Fenster, die roten Räder und anschließend die roten Tonkartonstreifen, die die Räder miteinander verbinden. Alle anderen Teile werden von hinten fixiert – achten Sie darauf, daß der Rauch hinter dem Schornstein sitzt.
Auf dem Wagen, den die kleine Dampflok schleppt, kleben die Fenster, die Räder und das Dachteil. Wegen der Stabilität Ihres Fensterbildes ist es wichtig, daß die Rauchwolke links oben hinter dem Wagendach zusätzlich fixiert wird.
Und noch ein Tip: Wenn Sie den Wagen mehrmals anfertigen und die blaue Schiene, auf der der Zug fährt, entsprechend verlängern, kann sich Ihr Fensterbilder-Zug an der ganzen Breite Ihres Fensters entlangschlängeln!

Und hier sehen Sie eine Farbvariante der kleinen dicken Dampflok.

Der ICE

Sowohl für die Lok als auch für den Speisewagen und den Großraumwagen gilt: Alle roten und alle blauen Teile werden von vorne, alle schwarzen Teile von hinten fixiert.
Wenn Sie die Räder beim Aufkleben an einer Linealkante anlegen, wird die Räderreihe gerade. Die schwarzen Verbindungsstücke links und rechts an den Wagen ermöglichen einen endlos langen ICE an Ihrem Fenster…

Hier sehen Sie eine Farbvariante mit Rädern, die von vorne angebracht sind.

Der Autoreisezug

Auf der Lok fixieren Sie von vorne den gelben Streifen und die roten Räder. Von hinten folgen das Fenster, der Schornstein samt Rauchwolke sowie das rote Verbindungsteil, an dem der Wagen hängt, den Sie aus vier gelben und einem roten Streifen zusammenstellen.

Von vorne die Räder, von hinten die fertigen Autos ergänzen, wobei die Rauchwolke von hinten an dem orangefarbenen Auto fixiert werden muß – und die Reise kann beginnen!

Der Tankwagenzug

Die Lok bekommt von vorne ihr Fenster, die Räder und den roten Verbindungsstreifen; von hinten bringen Sie den Schornstein an.
Die beiden Tankkessel werden jeweils von vorne mit den Rädern, von hinten mit den Verbindungsstücken dekoriert.

Achten Sie beim Aufkleben der Rauchwolke darauf, daß sie sowohl an der Lok als auch an den beiden Wagen fixiert ist – so wird Ihr Fensterbild stabiler!

Der Lokführer

Zuerst wird der Lokführer vorgearbeitet: Auf die Hose kleben Sie die Jacke, von hinten ergänzen Sie den Kopf mit dem aufgeklebten Helm.

Auf dem blauen Lokomotivteil sitzen der schwarze Tonkartonstreifen und die Räder; von hinten folgt der Schornstein. Nun stellen Sie den

Lokomotivführer hinter das zweite Rad – erst jetzt ergänzen Sie von vorne seinen linken Arm mit der untergeklebten Hand.
Die Rauchwolke wird von hinten angebracht und klebt auch an den beiden Wagen, die von vorne nur mit den Rädern dekoriert sind.

Zug mit Lastwagen

Verzieren Sie zuerst die gelbe Grundform der Lokomotive: das Fenster, der rote Streifen und die Räder werden von vorne, der Stromabnehmer und das Verbindungsstück von hinten fixiert.
Der Wagen besteht aus einem mittelgrünen Rahmen, an dem von vorne die hellgrünen Räder kleben.
Den Lastwagen arbeiten Sie zuerst separat und ergänzen ihn dann von hinten an dem Waggon.

Dieseltriebzug

Auf die weiße Grundfläche kleben Sie den orangefarbenen Streifen – am besten lassen Sie ihn etwas länger und passen ihn erst dann der Grundform an, wenn der Klebstoff getrocknet ist.
Nun arbeiten Sie die Fenster: Schneiden Sie einen Streifen lilafarbenen Fotokarton in Fensterhöhe zu, drücken Sie mit dem Kugelschreiber beim Übertragen der Fenstervorlagen jeweils die Fensterbreite ein – auf diese Weise ist gewährleistet, daß alle Fenster gleich breit sind. Wenn Sie sie dann noch mit Hilfe eines Lineals aufkleben, passen sie ganz exakt!
Das schwarze Unterteil, die blauen Räder und die Verbindungsstücke werden von hinten ergänzt.
Der rechte Dieseltriebzug ist genauso gearbeitet – nur seitenverkehrt!

Französische E-Lok

Auf der weißen Grundfläche finden die roten und die orangefarbenen Teile ihren Platz, von hinten werden zuerst alle schwarzen und dann alle blauen Teile ergänzt. Fertig!

Amerika-nische Diesellok

Die Grundfläche dieser Diesellok besteht aus weißem Fotokarton, darauf wird das rote Teil geklebt, das Sie von vorne dekorieren. Von hinten werden dann die Scheinwerfer ergänzt.
Zum Schluß sind noch die schwarzen Tonkartonstreifen mit den dahintergeklebten Rädern von hinten zu befestigen.

Diesel-triebwagen

Auf der roten Grundfläche werden zuerst die beiden breiteren weißen Streifen aufgeklebt; die Türen zeichnen Sie mit einem feinen schwarzen Filzstift auf.
Aus hellblauem Fotokarton stellen Sie einen Streifen her, der genau fensterhoch und etwa so lang wie der ganze Wagen ist. Drücken Sie beim Übertragen der Fenstervorlage mit dem Kugelschreiber jeweils die Fensterbreite auf den Fotokarton durch, so daß Sie die Fenster ganz exakt ausschneiden können. Bringen Sie die restlichen Teile an, der schwarze Streifen, die Räder, die Puffer und die Signalhörner werden von hinten ergänzt.
Rechts sehen Sie eine Farbvariante des Dieseltriebwagens.

Der IC

Auf der roten Grundform der Lokomotive wird zuerst der schwarze Fenster-Hintergrund aufgeklebt, es folgen die Fenster und der blaue Streifen. Von hinten ergänzen Sie die schwarzen Teile mit den dahintergeklebten Rädern, die Stromabnehmer und die Verbindungsteile.
Dann arbeiten Sie den Großraumwagen und den Speisewagen: Auf der beigen Grundfläche fixieren Sie die roten Streifen und darauf die blauen Fenster. Der Speisewagen wird noch zusätzlich mit den Lampen dekoriert; bei beiden Wagen kleben Sie von hinten die schwarzen Fotokartonstreifen mit den blauen Rädern an.
Echte IC-Fans arbeiten natürlich mehrere Wagen und fügen einen richtig langen Zug zusammen.
Rechts sehen Sie übrigens eine Farbvariante der Lokomotive.

Citybahn

Auf der beigen Grundfläche sitzen die orangefarbenen Teile und die lilafarbenen Fenster. Wenn Sie die Fenster ganz exakt arbeiten möchten, stellen Sie zuerst einen Streifen aus Fotokarton her, der genauso breit ist, wie die Fenster hoch sind. Wenn Sie diesen Streifen nun unterteilen und die Fenster mit Hilfe eines Lineals anordnen, wird Ihr Fensterbild ganz exakt!
Natürlich können Sie die Lokomotive auch in Farbvariation als Einzelstück fertigen!

Schranke zu – ich komme!

Arbeiten Sie zuerst den Gleisübergang, wobei auf die weißen Grundflächen jeweils die roten Streifen geklebt werden müssen.
Bei der Lokomotive bringen Sie von vorne die dreiteiligen Räder mit den lilafarbenen Verbindungsstäben an; verzieren Sie noch den Schornstein mit den gelben Streifen. Von hinten wird der Glockenhalter ergänzt, wobei die Glockenstränge auf der Lokomotive liegen müssen.
Nun setzen Sie den Lokomotivführer von hinten in das Führerhaus, der Kopf mit dem aufgeklebten Helm klebt auf dem Pullover – erst nun dürfen Sie den linken Arm samt Hand anbringen, die auf einem der Glockenstränge sitzt.

Und durch die Rauchwolke, die an vier Stellen von hinten fixiert wird, bekommt Ihr Fensterbild Stabilität.

Die neuesten Nachrichten

Beschreibung Seite 32

Die neuesten Nachrichten

Abbildung Seite 31

Der Schriftzug KIOSK wird mit dem Cutter aus dem weißen Schild herausgeschnitten und mit rotem Fotokarton hinterlegt – selbstverständlich können Sie das Wort aber auch mit einem roten Filzstift einfach schreiben.
Bringen Sie die bunten Zeitschriften von oben nach unten an, arbeiten Sie also von dem Kioskschild zur blauen Verkaufsfläche hin. Dann wird der freundliche Zeitungsverkäufer hergestellt: Der Kopf klebt hinter dem roten Pullover. Fixieren Sie die Haare von vorne auf dem Kopf, so daß das linke Ohr herausschaut. Erst wenn der nette junge Mann von hinten im Kiosk Platz genommen hat – beachten Sie, daß sein Kopf vor dem Kioskschild sitzt, – ergänzen Sie von vorne seinen linken Arm mit der untergeklebten Hand.
Die Grundfläche für das Schild ZU DEN GLEISEN besteht aus rotem Fotokarton, die weiße Fläche wird mit einem dünnen Filzstift beschriftet.

Hallo, der Zug ist da!

Abbildung Seite 33

Arbeiten Sie zuerst die Lokomotive: Auf der grünen Grundfläche sitzen die farbigen Verzierungen – auf dem Foto können Sie ganz deutlich erkennen, welche Teile von hinten und welche von vorne fixiert werden.
Von hinten bringen Sie auch den Lokomotivführer mit dem aufgeklebten Kopf samt Helm an. Für seine roten Bäckchen können Sie übrigens Locherpunkte aus Fotokarton benutzen; die Augen bestehen aus einem halbierten Locherpunkt.
Wenn Sie anschließend ebenfalls von hinten die Rauchwolke fixiert haben, fehlt nur noch das blaue Gestell mit der Signalanlage.

Hallo, der Zug ist da!

Beschreibung
Seite 32

Auf Wiedersehen, bis bald!

Zuerst wird das weiße Gitter mit dem Cutter hergestellt. Kleben Sie dann den fröhlichen Reisenden zusammen. Für sein Gesicht können Sie übrigens Locherpunkte benutzen, die Augen bestehen aus einem halbierten Locherpunkt. Beim Aufeinanderkleben von Mann und Gitter müssen Sie darauf achten, daß der Kopf, das rote Tupfentuch und der linke Arm mit der untergeklebten Hand auf dem Gitter liegen, das gleiche gilt für den rechten Arm. Bevor Sie diese zusammengefügten Teile auf dem blauen Wagen anbringen, müssen Sie das grüne Dach ergänzen. Zuletzt fehlen nur noch die Räder, die Lampen, das Gestell mit der Signalanlage und von hinten die Rauchwolke.

Nacht-expreß

Die Lokomotive und die Wagen werden aus einem einzigen Stück Fotokarton geschnitten, bringen Sie von hinten den Schornstein mit dem Rauch, von vorne die zweiteiligen Räder an.
Das Fenster in der Lokomotive wird mit dem Cutter herausgearbeitet, das gleiche gilt für die Augen der Eule. Stellen Sie das Tier zusammen, und setzen Sie es auf den hinteren Wagen, der – wie auch der vordere Wagen – zuerst noch von hinten mit seiner Ladung beklebt werden muß.
Auf dem beigen Rand wird dann der Mond und anschließend die ganze Szene fixiert; von hinten ergänzen Sie bei dem Lokomotivfenster gelbes Transparentpapier, für das restliche Fensterbild lilafarbenes Transparentpapier.
Und der Sternenhimmel darf auch noch funkeln…

Auf zur Bahn, ruft der Hahn

Auf der grünen Fläche werden zuerst die kleinen weißen Häuschen mit den roten Dächern fixiert, dann ist der Bahnhof an der Reihe.
Bei der Eisenbahn sollten Sie zuerst die Schiene anbringen, damit Sie eine Orientierung haben, wenn Sie die Lokomotive samt Rauch und die Waggons aufkleben. Vergessen Sie die Räder nicht!
Der grüne Busch, der bunte Wetterhahn auf dem Gestell und das weiße Haus ergänzen die Szene. Das Schild ZUM BAHNHOF besteht übrigens aus rotem Fotokarton, auf den die weiße beschriftete Fläche aufgeklebt wird.

Auf der Eisenbahnbrücke

Dieses doch etwas filigrane Fensterbild erfordert ein bißchen Geduld und Fingerspitzengefühl. Arbeiten Sie zuerst mit dem Cutter den blauen Rahmen, der mit dem gelben Geländer und den beiden Wiesenteilen hinterklebt wird. Bringen Sie noch das rote Brückenteil und das fertige Postauto von hinten an.
Dann werden die Schienen zusammengestellt, die Lokomotive wird gearbeitet, und anschließend ist die Rauchwolke an der Reihe, die Ihrem Fensterbild die nötige Stabilität verleiht.
Und wie wär's auf den Wiesenstücken noch mit einigen Blümchen, deren Inneres aus Locherpunkten besteht?

Das Schrankenwärterhäuschen

Sie brauchen auf jeden Fall einen Cutter, wenn Sie den weißen Rahmen, das Schrankengitter, das Fachwerk und die Fenster des Schrankenwärter-Häuschens arbeiten.
Bringen Sie das fertige Haus samt Kamin, Dach, Fachwerk und Baum auf dem Rahmen an, wobei Sie jedoch zuvor noch den Rauchstreifen fixieren müssen.
Das Vogelhäuschen mit dem Vogel, die Schranke und das Andreaskreuz werden noch ergänzt, bevor Sie die ganze Szene mit orangefarbenem Transparentpapier hinterkleben.
Erst dann darf auch noch ein Schmetterling, den Sie mit Locherpunkten verzieren, durch die Landschaft fliegen.

Gleich kommt der Zug!

Auch hier sind etwas Fingerspitzengefühl und Geduld gefragt! Der Rahmen, die Sonne, der Zaun und das Schrankengitter werden mit dem Cutter gearbeitet.
Der Mund und die Sonnenbrille der Sonne werden aufgeklebt, die Nase und die Wangen mit einem feinen schwarzen Filzstift aufgemalt.
Orientieren Sie sich am Foto, welche Teile von hinten und welche Teile von vorne fixiert werden müssen.
Die Punkte auf den Schmetterlingen und auf der Blume stellen Sie am besten mit einem Bürolocher her.

Wir fahren mit der Eisenbahn

Stellen Sie den Zug komplett zusammen: Die Räder und die Fenster mit den Passagieren werden von vorne, die Verbindungsteile von hinten ergänzt. Die lange Rauchwolke klebt von hinten am Schornstein, liegt aber auf dem roten Rahmen.
Im oberen Bereich bringen Sie die fröhlich lachende Sonne an, deren Gesicht Sie natürlich auch aufmalen können.
Von hinten wird der obere Bereich mit lilafarbenem Transparentpapier hinterklebt, auf dem noch einige Vögel schweben.

Die Brücke über den Fluß

Zuerst arbeiten Sie die Lokomotive und die beiden Wagen, die Räder werden jeweils von vorne, der Schornstein mit der Rauchwolke und die orangefarbenen Stäbe von hinten angebracht.

Dann ist der weiße Rahmen mit dem roten Bogen und dem roten Streifen an der Reihe – hier müssen Sie mit einem Cutter arbeiten.

Von vorne das gelbe Geländer ergänzen. Von hinten fixieren Sie die fertige Bahn und im unteren Bereich die Schilfbüschel und das blaue Transparentpapier, auf dem die Entenfamilie und der Schmetterling ihren Platz finden.

Bitte einsteigen!

Beschreibung Seite 44

Ich trage Ihren Koffer!

Beschreibung Seite 44

Bitte einsteigen!

Abbildung Seite 42

Mit dem Cutter arbeiten Sie zuerst den gelben Rahmen, den Haltegriff der Lampe und ihren inneren Kreisausschnitt.
Dann ist die Mütze des Bahnhofsvorstehers an der Reihe: Das obere rote Teil sitzt auf der blauen Rundung, die mit dem gelben Streifen verziert wird. Von hinten bringen Sie die zweiteilige Haartracht am Kopf an, setzen dem Herrn seine Mütze auf und bekleben sein Gesicht. An der blauen Jacke werden von hinten das weiße Hemd und die Hand ergänzt, von vorne die rote Fliege und der fertige Kopf.
Erst wenn das Schild ABFAHRT aufgehängt ist, bringen Sie den Herrn Stationsvorsteher mitsamt seiner dreiteiligen Kelle an. Und zum Schluß muß noch die Lampe aufgestellt werden.

Ich trage Ihren Koffer!

Abbildung Seite 43

Für den zarten gelben Rahmen und die Ausschnitte in der Lokomotive benötigen Sie einen Cutter und etwas Fingerspitzengefühl. Zuerst stellen Sie die Lokomotive zusammen und bringen sie am Rahmen an. Dann ergänzen Sie von vorne das Signal mit dem kleinen Schmetterling, dessen Punkte aus einem Locher stammen.
Und zum Schluß wird noch der Dienstmann zusammengestellt. Unter seinem blauen Anzug mit den weißen Handteilen und der grünen Schürze sitzen die roten Strümpfe und die braunen Schuhe sowie seine linke Hand. Ergänzen Sie den fertigen Kopf mit den hinterklebten Ohren und der aufgesetzten Mütze, und geben Sie ihm dann noch den dreiteiligen Koffer in die Hand.

Mit Volldampf voraus

Beschreibung
Seite 46

Mit Volldampf voraus

Abbildung Seite 45

Arbeiten Sie zuerst das Signal fertig, dann stellen Sie die Lokomotive zusammen: Das dunkelgrüne Mittelteil klebt jeweils von hinten an den hellgrünen Teilen, die noch mit den gelben Streifen verziert werden.
Ergänzen Sie den hellblauen Streifen und die roten Räder, die mit schwarzen Rändern verziert werden. Die beiden Schornsteine und die Rauchwolke fehlen noch – und ab geht's, mit Volldampf voraus!

Wenn alle Züge schlafen

Abbildung Seite 47

Zuerst stellen Sie mit dem Cutter den Rahmen her und ergänzen ihn unten mit dem fertigen Signal. Aber Achtung: Denken Sie an das Bein der Eule, das noch daruntergeschoben werden muß.
Die Augen der Eule werden ebenfalls mit dem Cutter herausgearbeitet und mit gelbem Transparentpapier hinterklebt. Fügen Sie den Körper, den Flügel und den fertigen Kopf zusammen, dann wird von hinten das blaue Transparentpapier aufgeklebt, allerdings nicht hinter den Augen der Eule!
Und nun lassen Sie noch den Mond und die Sterne am Himmel glitzern!

Wenn alle Züge schlafen

Beschreibung Seite 46

Im frechverlag sind zahlreiche Titel mit kunterbunten Bastelideen erschienen. Hier eine Auswahl:

TOPP 1674

TOPP 1651

TOPP 1689

TOPP 1644

TOPP 1729

TOPP 1562

TOPP 1816

TOPP 1616

TOPP 1778